¡ESE ES EL TRABAJO PARA MÍ!

¡VOY A SER PILOTO!

POR MICHOU FRANCO

Gareth Stevens PUBLISHING

Please visit our website, www.garethstevens.com. For a free color catalog of all our high-quality books, call toll free 1-800-542-2595 or fax 1-877-542-2596.

Library of Congress Cataloging-in-Publication Data

Names: Franco, Michou, author.
Title: ¡Voy a ser piloto! / Michou Franco.
Description: Buffalo, NY : Gareth Stevens Publishing, [2025] | Series: ¡Ese es el trabajo para mí! | Includes bibliographical references and index.
Identifiers: LCCN 2023037231 (print) | LCCN 2023037232 (ebook) | ISBN 9781482467642 (library binding) | ISBN 9781482467635 (paperback) | ISBN 9781482467659 (ebook)
Subjects: LCSH: Airplanes–Piloting–Vocational guidance–Juvenile literature. | Aeronautics–Vocational guidance–Juvenile literature.
Classification: LCC TL561 .F73 2025 (print) | LCC TL561 (ebook) | DDC 629.132/52023–dc23/eng/20230824
LC record available at https://lccn.loc.gov/2023037231
LC ebook record available at https://lccn.loc.gov/2023037232

Published in 2025 by
Gareth Stevens Publishing
2544 Clinton Street
Buffalo, NY 14224

Translator: Esther Sarfatti
Designer: Claire Zimmermann
Editor: Therese Shea

Photo credits: Cover, pp. 1, 7 ravipat/Shutterstock.com; Series Art (background) Salmanalfa/Shutterstock.com; p. 5 MNStudio/Shutterstock.com; p. 7 CarlosBarquero/Shutterstock.com; p. 9 Stokkete/Shutterstock.com; p. 11 Ververidis Vasilis/Shutterstock.com; p. 13 Toni. M/Shutterstock.com; p. 15 Demkat/Shutterstock.com; p. 17 Olga Steckel/Shutterstock.com; p. 19 palawat744/Shutterstock.com; p. 21 Yuganov Konstantin/Shutterstock.com.

Printed in the United States of America

CPSIA compliance information: Batch #CS25GS: For further information contact Gareth Stevens, New York, New York at 1-800-542-2595.

CONTENIDO

Las palabras en **negrita** aparecen en el glosario.

Quiero hacerme piloto

Me encanta volar. Me encanta como se ve el mundo desde lo alto del cielo. ¡Todo parece tan pequeño! Y me gusta muchísimo viajar. Yo voy a ser piloto. Un piloto es la persona que dirige una aeronave, como un avión o un **helicóptero**.

Licencia para volar

¡Lo primero que tengo que decidir es qué tipo de piloto quiero ser! Los diferentes tipos de pilotos necesitan diferentes **licencias**. Todos los pilotos toman clases en la tierra y en el aire. También tienen que aprobar exámenes en la tierra y en el aire. Las clases y los exámenes que toman los pilotos de helicópteros son diferentes a los que toman los pilotos de aviones.

Tipos de pilotos

Algunas personas tienen una licencia de piloto **privado**. Esta licencia se puede conseguir después de hacer 40 horas o más de prácticas de vuelo. Una licencia de piloto privado significa que esos pilotos pueden volar para divertirse, pero no como trabajo.

Para conseguir una licencia de piloto **comercial**, hacen falta más clases y más entrenamiento. Los pilotos comerciales pueden conseguir trabajo transportando a gente, carga o mercancía. Pueden llevar a **turistas** en sus aviones. ¡También pueden pilotar aviones contra incendios! Estos aviones llevan agua para apagar incendios.

Algunos pilotos comerciales deben hacer incluso más prácticas para conseguir su licencia de piloto de aerolínea. Una aerolínea es una compañía que lleva pasajeros y carga por diferentes **rutas**. En Estados Unidos, ¡un piloto debe volar más de 1,500 horas antes de poder hacerse piloto de aerolínea!

EC-NCT
vueling.com
EC-NCT

Dónde estudiar

Algunas personas van a escuelas de vuelo para conseguir la licencia que quieren. Otras van a la **universidad** para estudiar **aviación**. Allí aprenden mucho acerca de cómo funcionan los aviones. También hay gente que se prepara para hacerse piloto en el ejército, o las fuerzas armadas.

Pilotos militares

La Fuerza Aérea, la Armada, el Ejército y el Cuerpo de Marines de Estados Unidos ofrecen entrenamiento de vuelo. Se necesitan pilotos militares para transportar, o llevar, a soldados y equipamiento. Tienen también otras **misiones** en las guerras. ¡Los *Blue Angels* («Ángeles Azules») de la Armada de Estados Unidos demuestran sus habilidades haciendo **acrobacias** en el aire!

BLUE ANGELS

Piloto y copiloto

En un vuelo de aerolínea, el piloto al mando está a cargo del vuelo. El copiloto es el segundo al mando, y ayuda con muchas de las tareas del vuelo. Antes, durante y después de cada vuelo, ambos pilotos revisan los sistemas y controles del avión para asegurarse de que todo esté funcionando bien.

¡Listos para despegar!

Los pilotos también necesitan otras habilidades. Tienen que saber **comunicarse** bien con los pasajeros y con el **control de tráfico aéreo**. También tienen que saber mantener la calma en situaciones de peligro. Es posible que tengan que actuar rápidamente para salvar vidas. ¡Tengo muchas ganas de hacerme piloto!

GLOSARIO

acrobacia: un movimiento peligroso y espectacular que se hace para entretener a la gente.

aviación: el hecho, la práctica o la ciencia de volar aeronaves.

comercial: que tiene que ver con la compra y venta de bienes y servicios.

comunicarse: compartir ideas y sentimientos a través de sonidos y gestos.

control de tráfico aéreo: el sistema que dirige los movimientos de los aviones, a través de empleados en tierra que se comunican con los pilotos por radio.

helicóptero: una aeronave sin alas que utiliza aspas que giran rápidamente para moverse.

licencia: un documento que permite a alguien hacer algo.

misión: una tarea o trabajo llevado a cabo por un grupo.

privado: que tiene que ver con una persona y no con el público en general.

ruta: un camino o trayecto por el que la gente viaja.

turista: alguien que viaja para visitar un lugar.

universidad: una escuela en la que se estudia después de terminar la escuela secundaria.

PARA MÁS INFORMACIÓN

LIBROS

Bender, Douglas. *Pilot.* Nueva York, NY: Crabtree Publishing, 2023.

Culliford, Amy. *Someday I Could Bee a Pilot!* Nueva York, NY: Crabtree Publishing Company, 2022.

SITIOS WEB

Las partes de un avión

www.grc.nasa.gov/www/k-12/UEET/StudentSite/airplanes.html
La NASA explica las partes de un avión y cómo levanta el vuelo.

Piloto

kids.britannica.com/kids/article/pilot/353629
Lee más acerca de las habilidades que deben tener los pilotos y conoce al piloto más joven del mundo.

Nota de la editorial a los educadores y padres: Nuestros editores han revisado cuidadosamente estos sitios web para comprobar que son apropiados para los alumnos. No obstante, muchos sitios web cambian con frecuencia, por lo que no podemos garantizar que los contenidos futuros cumplan con nuestros criterios de alta calidad y valor educativo. Les recomendamos que supervisen cuidadosamente a los alumnos siempre que tengan acceso a internet.

ÍNDICE